Mastering Mindset

90-DAY PLANNER

**POWERED BY
MYND MATTERS®**

Copyright © 2023 by Mynd Matters, LLC.

All rights reserved. No part of this book may be reproduced in any written, electronic, recording, or photocopying without written permission of the publisher

The Mastering Mindset 90-Day Planner may be purchased in bulk by contacting the publisher at info@myndmatterspublishing.com or 888-833-2548.

Published by Mynd Matters Publishing
715 Peachtree Street NE
Suites 100 & 200
Atlanta, GA 30308
www.myndmatterspublishing.com

ISBN: 978-1-957092-57-7

The Mindset Matters 90-Day Planner is for anyone looking to shift their thinking, focus their energy, and create a meaningful and effective plan for accomplishing daily, weekly, and monthly goals.

Packed with sections for identifying key resources (time, money, people, and information) needed to accomplish goals, reflection questions to generate gratitude, connection pages so you never lose a contact again, and a checklist for tracking self-care, this powerful tool will help you manifest the life you want by managing your most valuable asset, your time.

SETTING INTENTIONS

I am destined for greatness.
I will focus on achieving my goals and accomplishing my dreams.
I will be present, consistent and courageous.
I will create meaningful, healthy relationships.
I will not take any day for granted and passionately go after the life I want.
I will value my mind, body, and spirit.

I will think BIGGER!

I will shine BRIGHTER!

I will commit to living my BEST life!

_____

___ / ___ / ___

NOT WAKE MEDIOCRE.

MONTH _____

SUNDAY	MONDAY	TUESDAY	WEDNESDAY

THURSDAY	FRIDAY	SATURDAY	NOTES

MONTHLY INTENTIONS: BIG 3 GOALS

1 _____

2 _____

3 _____

AREAS OF FOCUS
(PLACE THE GOAL NUMBER 1, 2 OR 3 INSIDE THE CORRESPONDING BOX)

| ☐ HEALTH/WELLNESS | ☐ FINANCIAL | ☐ WORK/CAREER | ☐ SPIRITUAL |
| ☐ ROMANTIC RELATIONSHIPS | ☐ FAMILY | ☐ FRIENDSHIP(S) | ☐ PERSONAL DEVELOPMENT |

KEY RESOURCES
WHAT WILL I NEED TO ACHIEVE MY GOAL(S)?

PEOPLE

_____
_____
_____
_____

MONEY

_____
_____
_____
_____

INFORMATION

_____
_____
_____
_____

TIME

_____
_____
_____
_____

NEW WAYS OF BEING
HOW MUST I THINK AND BEHAVE TO ACHIEVE MY GOALS?
(EX. ASSERTIVE, PATIENT, RISK-TAKING, CREATIVE, ETC.)

_____
_____
_____
_____

"A goal without a plan is just a wish." —Antoine de Saint-Exupéry

IMMEDIATE NEXT STEPS:
(LIST THE IMMEDIATE NEXT STEPS YOU NEED TO TAKE TO REACH YOUR GOAL)

GOAL #	MILESTONE	ACTION/TO DO	DUE DATE

DATE / /

TODAY'S BIG INTENTION

TODAY'S **MINI** GOALS

KEY RESOURCE(S)
(PEOPLE, INFORMATION, TIME, MONEY)

———————— AFFIRMATIONS ————————

I AM:

I CAN:

I WILL:

Extraordinary people do daily what ordinary people do occasionally.

NOTES

DATE / /

TODAY'S BIG INTENTION

TODAY'S **MINI** GOALS

KEY RESOURCE(S)
(PEOPLE, INFORMATION, TIME, MONEY)

──────────── AFFIRMATIONS ────────────

I AM:

I CAN:

I WILL:

Extraordinary people do daily what ordinary people do occasionally.

NOTES

DATE / /

TODAY'S BIG INTENTION

TODAY'S **MINI** GOALS

KEY RESOURCE(S)
(PEOPLE, INFORMATION, TIME, MONEY)

———————— AFFIRMATIONS ————————

I AM:

I CAN:

I WILL:

Extraordinary people do daily what ordinary people do occasionally.

NOTES

DATE   /   /

TODAY'S BIG INTENTION

```
┌─────────────────────────────────────────┐
│                                         │
│                                         │
│                                         │
│                                         │
└─────────────────────────────────────────┘
```

TODAY'S **MINI** GOALS   KEY RESOURCE(S)
                                      (PEOPLE, INFORMATION, TIME, MONEY)

_____   _____

_____   _____

_____   _____

_____   _____

_____   _____

———————————————— AFFIRMATIONS ————————————————

I AM:

I CAN:

I WILL:

Extraordinary people do daily what ordinary people do occasionally.

NOTES

DATE / /

TODAY'S BIG INTENTION

```
┌─────────────────────────────────────────┐
│                                         │
│                                         │
│                                         │
│                                         │
└─────────────────────────────────────────┘
```

TODAY'S **MINI** GOALS   KEY RESOURCE(S)
                                 (PEOPLE, INFORMATION, TIME, MONEY)

_____   _____
_____   _____
_____   _____
_____   _____
_____   _____

———————————— AFFIRMATIONS ————————————

I AM:

I CAN:

I WILL:

Extraordinary people do daily what ordinary people do occasionally.

NOTES

DATE / /

TODAY'S BIG INTENTION

```
┌─────────────────────────────────────────────┐
│                                             │
│                                             │
│                                             │
│                                             │
└─────────────────────────────────────────────┘
```

TODAY'S **MINI GOALS**   KEY RESOURCE(S)
                                   (PEOPLE, INFORMATION, TIME, MONEY)

_____   _____

_____   _____

_____   _____

_____   _____

_____   _____

──────────────── AFFIRMATIONS ────────────────

I AM:

I CAN:

I WILL:

Extraordinary people do daily what ordinary people do occasionally.

NOTES

DATE   /   /

TODAY'S BIG INTENTION

┌───┐
│   │
│   │
│   │
│   │
└───┘

TODAY'S **MINI** GOALS   KEY RESOURCE(S)
                               (PEOPLE, INFORMATION, TIME, MONEY)

_____   _____

_____   _____

_____   _____

_____   _____

_____   _____

———————————— AFFIRMATIONS ————————————

I AM:

I CAN:

I WILL:

Extraordinary people do daily what ordinary people do occasionally.

NOTES

WEEKLY REFLECTION

WEEK START   /   /   WEEK END   /   /

WEEKLY STATEMENT

_____
_____
_____
_____

THE **BIGGEST** WINS

_____
_____
_____
_____
_____

HOW WILL I CELEBRATE MY WIN(S)?

WEEKLY HURDLES   **WAYS TO OVERCOME**

_____   _____
_____   _____
_____   _____

Who/What am I MOST GRATEFUL for this week?

What is ONE THING I did to demonstrate my gratitude?

What is one thing I LEARNED
(about myself or something else) this week?

What is my #1 INTENTION for the week ahead?

DATE   /   /

TODAY'S BIG INTENTION

┌───┐
│   │
│   │
│   │
│   │
└───┘

TODAY'S MINI GOALS

KEY RESOURCE(S)
(PEOPLE, INFORMATION, TIME, MONEY)

_____ _____

_____ _____

_____ _____

_____ _____

_____ _____

———————— AFFIRMATIONS ————————

I AM:

I CAN:

I WILL:

Extraordinary people do daily what ordinary people do occasionally.

NOTES

DATE   /   /

TODAY'S BIG INTENTION

```
┌─────────────────────────────────────────┐
│                                         │
│                                         │
│                                         │
│                                         │
└─────────────────────────────────────────┘
```

TODAY'S **MINI** GOALS   KEY RESOURCE(S)
                                      (PEOPLE, INFORMATION, TIME, MONEY)

_____   _____

_____   _____

_____   _____

_____   _____

_____   _____

——————————— AFFIRMATIONS ———————————

I AM:

I CAN:

I WILL:

Extraordinary people do daily what ordinary people do occasionally.

NOTES

DATE / /

TODAY'S BIG INTENTION

TODAY'S **MINI** GOALS

KEY RESOURCE(S)
(PEOPLE, INFORMATION, TIME, MONEY)

——————— AFFIRMATIONS ———————

I AM:

I CAN:

I WILL:

Extraordinary people do daily what ordinary people do occasionally.

NOTES

DATE   /   /

TODAY'S BIG INTENTION

```
┌─────────────────────────────────────────────┐
│                                             │
│                                             │
│                                             │
│                                             │
└─────────────────────────────────────────────┘
```

TODAY'S **MINI** GOALS   KEY RESOURCE(S)
                                      (PEOPLE, INFORMATION, TIME, MONEY)

_____   _____

_____   _____

_____   _____

_____   _____

_____   _____

──────────── AFFIRMATIONS ────────────

I AM:

I CAN:

I WILL:

Extraordinary people do daily what ordinary people do occasionally.

NOTES

DATE   /   /

TODAY'S BIG INTENTION

TODAY'S **MINI** GOALS

KEY RESOURCE(S)
(PEOPLE, INFORMATION, TIME, MONEY)

――――――――――― AFFIRMATIONS ―――――――――――

I AM:

I CAN:

I WILL:

Extraordinary people do daily what ordinary people do occasionally.

NOTES

DATE   /   /

TODAY'S BIG INTENTION

TODAY'S MINI GOALS

_____
_____
_____
_____
_____

KEY RESOURCE(S)
(PEOPLE, INFORMATION, TIME, MONEY)

_____
_____
_____
_____
_____

—————————— AFFIRMATIONS ——————————

I AM:

I CAN:

I WILL:

Extraordinary people do daily what ordinary people do occasionally.

NOTES

DATE / /

TODAY'S BIG INTENTION

```
┌─────────────────────────────────────────┐
│                                         │
│                                         │
│                                         │
│                                         │
│                                         │
└─────────────────────────────────────────┘
```

TODAY'S **MINI** GOALS   KEY RESOURCE(S)
                                   (PEOPLE, INFORMATION, TIME, MONEY)

_____   _____

_____   _____

_____   _____

_____   _____

_____   _____

———————————— AFFIRMATIONS ————————————

I AM:

I CAN:

I WILL:

Extraordinary people do daily what ordinary people do occasionally.

NOTES

WEEKLY REFLECTION

WEEK START   /   /   WEEK END   /   /

WEEKLY STATEMENT

_____
_____
_____
_____

THE **BIGGEST** WINS

_____
_____
_____
_____

HOW WILL I CELEBRATE MY WIN(S)?

WEEKLY HURDLES   **WAYS TO OVERCOME**

_____   _____
_____   _____
_____   _____

Who/What am I MOST GRATEFUL for this week?

What is ONE THING I did to demonstrate my gratitude?

What is one thing I LEARNED
(about myself or something else) this week?

What is my #1 INTENTION for the week ahead?

DATE   /   /

TODAY'S BIG INTENTION

TODAY'S **MINI** GOALS   KEY RESOURCE(S)
                                          (PEOPLE, INFORMATION, TIME, MONEY)

———————————— AFFIRMATIONS ————————————

I AM:

I CAN:

I WILL:

Extraordinary people do daily what ordinary people do occasionally.

NOTES

DATE   /   /

TODAY'S BIG INTENTION

```
┌─────────────────────────────────────────────┐
│                                             │
│                                             │
│                                             │
│                                             │
└─────────────────────────────────────────────┘
```

TODAY'S **MINI** GOALS   KEY RESOURCE(S)
                                              (PEOPLE, INFORMATION, TIME, MONEY)

_____   _____

_____   _____

_____   _____

_____   _____

_____   _____

———————————— AFFIRMATIONS ————————————

I AM:

I CAN:

I WILL:

Extraordinary people do daily what ordinary people do occasionally.

NOTES

DATE   /   /

TODAY'S BIG INTENTION

TODAY'S **MINI** GOALS

KEY RESOURCE(S)
(PEOPLE, INFORMATION, TIME, MONEY)

———————— AFFIRMATIONS ————————

I AM:

I CAN:

I WILL:

Extraordinary people do daily what ordinary people do occasionally.

NOTES

DATE   /   /

TODAY'S BIG INTENTION

```
┌─────────────────────────────────────────┐
│                                         │
│                                         │
│                                         │
│                                         │
│                                         │
└─────────────────────────────────────────┘
```

TODAY'S **MINI** GOALS   KEY RESOURCE(S)
                                      (PEOPLE, INFORMATION, TIME, MONEY)

_____   _____

_____   _____

_____   _____

_____   _____

_____   _____

———————————— AFFIRMATIONS ————————————

I AM:

I CAN:

I WILL:

Extraordinary people do daily what ordinary people do occasionally.

NOTES

DATE / /

TODAY'S BIG INTENTION

TODAY'S **MINI** GOALS

KEY RESOURCE(S)
(PEOPLE, INFORMATION, TIME, MONEY)

AFFIRMATIONS

I AM:

I CAN:

I WILL:

Extraordinary people do daily what ordinary people do occasionally.

NOTES

DATE / /

TODAY'S BIG INTENTION

TODAY'S **MINI** GOALS

KEY RESOURCE(S)
(PEOPLE, INFORMATION, TIME, MONEY)

———————— AFFIRMATIONS ————————

I AM:

I CAN:

I WILL:

Extraordinary people do daily what ordinary people do occasionally.

NOTES

DATE / /

TODAY'S BIG INTENTION

TODAY'S **MINI** GOALS

KEY RESOURCE(S)
(PEOPLE, INFORMATION, TIME, MONEY)

——————— AFFIRMATIONS ———————

I AM:

I CAN:

I WILL:

Extraordinary people do daily what ordinary people do occasionally.

NOTES

DATE / /

TODAY'S BIG INTENTION

TODAY'S **MINI** GOALS

KEY RESOURCE(S)
(PEOPLE, INFORMATION, TIME, MONEY)

──────── AFFIRMATIONS ────────

I AM:

I CAN:

I WILL:

Extraordinary people do daily what ordinary people do occasionally.

NOTES

WEEKLY REFLECTION

WEEK START   /   /   WEEK END   /   /

WEEKLY STATEMENT

_____
_____
_____
_____

THE **BIGGEST** WINS

_____
_____
_____
_____

HOW WILL I CELEBRATE MY WIN(S)?

WEEKLY HURDLES	WAYS TO OVERCOME
_____	_____
_____	_____
_____	_____

Extraordinary people do daily what ordinary people do occasionally.

NOTES

DATE   /   /

TODAY'S BIG INTENTION

TODAY'S **MINI** GOALS

KEY RESOURCE(S)
(PEOPLE, INFORMATION, TIME, MONEY)

———————— AFFIRMATIONS ————————

I AM:

I CAN:

I WILL:

Extraordinary people do daily what ordinary people do occasionally.

NOTES

DATE / /

TODAY'S BIG INTENTION

TODAY'S **MINI GOALS**　　　　　　　KEY RESOURCE(S)
　　　　　　　　　　　　　　　　　　(PEOPLE, INFORMATION, TIME, MONEY)

_____　　_____

_____　　_____

_____　　_____

_____　　_____

_____　　_____

———————— AFFIRMATIONS ————————

I AM:

I CAN:

I WILL:

Extraordinary people do daily what ordinary people do occasionally.

NOTES

DATE / /

TODAY'S BIG INTENTION

TODAY'S **MINI** GOALS

KEY RESOURCE(S)
(PEOPLE, INFORMATION, TIME, MONEY)

———————— AFFIRMATIONS ————————

I AM:

I CAN:

I WILL:

Extraordinary people do daily what ordinary people do occasionally.

NOTES

DATE / /

TODAY'S BIG INTENTION

```
┌─────────────────────────────────────────────┐
│                                             │
│                                             │
│                                             │
│                                             │
│                                             │
└─────────────────────────────────────────────┘
```

TODAY'S **MINI** GOALS   KEY RESOURCE(S)
                                      (PEOPLE, INFORMATION, TIME, MONEY)

_____   _____

_____   _____

_____   _____

_____   _____

_____   _____

—————————————— AFFIRMATIONS ——————————————

I AM:

I CAN:

I WILL:

Extraordinary people do daily what ordinary people do occasionally.

NOTES

DATE   /   /

TODAY'S BIG INTENTION

```
┌─────────────────────────────────────────┐
│                                         │
│                                         │
│                                         │
│                                         │
└─────────────────────────────────────────┘
```

TODAY'S **MINI GOALS**   KEY RESOURCE(S)
                                (PEOPLE, INFORMATION, TIME, MONEY)

_____   _____

_____   _____

_____   _____

_____   _____

_____   _____

——————————— AFFIRMATIONS ———————————

I AM:

I CAN:

I WILL:

Extraordinary people do daily what ordinary people do occasionally.

NOTES

DATE   /   /

TODAY'S BIG INTENTION

```
┌─────────────────────────────────────────────────┐
│                                                 │
│                                                 │
│                                                 │
│                                                 │
└─────────────────────────────────────────────────┘
```

TODAY'S **MINI** GOALS   KEY RESOURCE(S)
                                          (PEOPLE, INFORMATION, TIME, MONEY)

_____   _____

_____   _____

_____   _____

_____   _____

_____   _____

——————————————— AFFIRMATIONS ———————————————

I AM:

I CAN:

I WILL:

Extraordinary people do daily what ordinary people do occasionally.

NOTES

DATE   /   /

TODAY'S BIG INTENTION

```
┌─────────────────────────────────────────────────┐
│                                                 │
│                                                 │
│                                                 │
│                                                 │
└─────────────────────────────────────────────────┘
```

TODAY'S **MINI** GOALS   KEY RESOURCE(S)
                                      (PEOPLE, INFORMATION, TIME, MONEY)

_____   _____

_____   _____

_____   _____

_____   _____

_____   _____

———————————— AFFIRMATIONS ————————————

I AM:

I CAN:

I WILL:

Who/What am I MOST GRATEFUL for this week?

What is ONE THING I did to demonstrate my gratitude?

What is one thing I LEARNED
(about myself or something else) this week?

What is my #1 INTENTION for the week ahead?

MAXIMIZING SELF-CARE

HOW DID I CARE FOR MY BODY, MIND, AND SPIRIT THIS MONTH?

- [ ] TOOK MYSELF ON A DATE
- [ ] SLEPT IN
- [ ] BOUGHT MYSELF A NICE GIFT
- [ ] ENJOYED A BUBBLE BATH
- [ ] WATCHED MY FAVORITE MOVIE
- [ ] HAD A SPA DAY
- [ ] UNPLUGGED FROM SOCIAL MEDIA/TV
- [ ] DETACHED FROM TOXIC RELATIONSHIPS
- [ ] WENT TO THERAPY
- [ ] EXERCISED
- [ ] JOURNALED/ PAINTED/SKETCHED

- [ ] _____
- [ ] _____
- [ ] _____
- [ ] _____
- [ ] _____
- [ ] _____
- [ ] _____
- [ ] _____
- [ ] _____
- [ ] _____
- [ ] _____

EACH DAY
IS A NEW
OPPORTUNITY
TO
ACHIEVE
YOUR
DREAMS!

MONTH

SUNDAY	MONDAY	TUESDAY	WEDNESDAY

THURSDAY	FRIDAY	SATURDAY	NOTES

MONTHLY INTENTIONS: BIG 3 GOALS

1. _____

2. _____

3. _____

AREAS OF FOCUS
(PLACE THE GOAL NUMBER 1, 2 OR 3 INSIDE THE CORRESPONDING BOX)

☐ HEALTH/WELLNESS ☐ FINANCIAL ☐ WORK/CAREER ☐ SPIRITUAL

☐ ROMANTIC RELATIONSHIPS ☐ FAMILY ☐ FRIENDSHIP(S) ☐ PERSONAL DEVELOPMENT

KEY RESOURCES
WHAT WILL I NEED TO ACHIEVE MY GOAL(S)?

PEOPLE

_____
_____
_____
_____
_____

MONEY

_____
_____
_____
_____
_____

INFORMATION

_____
_____
_____
_____
_____

TIME

_____
_____
_____
_____
_____

NEW WAYS OF BEING
HOW MUST I THINK AND BEHAVE TO ACHIEVE MY GOALS?
(EX. ASSERTIVE, PATIENT, RISK-TAKING, CREATIVE, ETC.)

_____
_____
_____
_____

"You have greatness within you and a responsibility to manifest that greatness."
– Les Brown

IMMEDIATE NEXT STEPS:
(LIST THE IMMEDIATE NEXT STEPS YOU NEED TO TAKE TO REACH YOUR GOAL)

GOAL #	MILESTONE	ACTION/TO DO	DUE DATE

DATE / /

TODAY'S BIG INTENTION

```
┌─────────────────────────────────────────┐
│                                         │
│                                         │
│                                         │
│                                         │
└─────────────────────────────────────────┘
```

TODAY'S **MINI** GOALS   KEY RESOURCE(S)
                                      (PEOPLE, INFORMATION, TIME, MONEY)

_____   _____

_____   _____

_____   _____

_____   _____

_____

──────────— AFFIRMATIONS ──────────

I AM:

I CAN:

I WILL:

Extraordinary people do daily what ordinary people do occasionally.

NOTES

DATE / /

TODAY'S BIG INTENTION

```
┌─────────────────────────────────────┐
│                                     │
│                                     │
│                                     │
│                                     │
└─────────────────────────────────────┘
```

TODAY'S **MINI** GOALS

_____

_____

_____

_____

_____

KEY RESOURCE(S)
(PEOPLE, INFORMATION, TIME, MONEY)

_____

_____

_____

_____

_____

——————— AFFIRMATIONS ———————

I AM:

I CAN:

I WILL:

Extraordinary people do daily what ordinary people do occasionally.

NOTES

DATE / /

TODAY'S BIG INTENTION

TODAY'S **MINI** GOALS

KEY RESOURCE(S)
(PEOPLE, INFORMATION, TIME, MONEY)

──────── AFFIRMATIONS ────────

I AM:

I CAN:

I WILL:

Extraordinary people do daily what ordinary people do occasionally.

NOTES

DATE   /   /

TODAY'S BIG INTENTION

```
┌─────────────────────────────────────────────┐
│                                             │
│                                             │
│                                             │
│                                             │
│                                             │
└─────────────────────────────────────────────┘
```

TODAY'S **MINI GOALS**   KEY RESOURCE(S)
                                   (PEOPLE, INFORMATION, TIME, MONEY)

_____   _____

_____   _____

_____   _____

_____   _____

_____   _____

——————————— AFFIRMATIONS ———————————

I AM:

I CAN:

I WILL:

Extraordinary people do daily what ordinary people do occasionally.

NOTES

DATE / /

TODAY'S BIG INTENTION

```
┌─────────────────────────────────────────────┐
│                                             │
│                                             │
│                                             │
│                                             │
│                                             │
└─────────────────────────────────────────────┘
```

TODAY'S **MINI** GOALS   KEY RESOURCE(S)
                                          (PEOPLE, INFORMATION, TIME, MONEY)

_____   _____

_____   _____

_____   _____

_____   _____

_____   _____

———————————————— AFFIRMATIONS ————————————————

I AM:

I CAN:

I WILL:

Extraordinary people do daily what ordinary people do occasionally.

NOTES

DATE   /   /

TODAY'S BIG INTENTION

```
┌─────────────────────────────────────────────┐
│                                             │
│                                             │
│                                             │
│                                             │
│                                             │
└─────────────────────────────────────────────┘
```

TODAY'S **MINI** GOALS   KEY RESOURCE(S)
                                (PEOPLE, INFORMATION, TIME, MONEY)

_____   _____

_____   _____

_____   _____

_____   _____

_____   _____

───────————— AFFIRMATIONS —————───────

I AM:

I CAN:

I WILL:

Extraordinary people do daily what ordinary people do occasionally.

NOTES

DATE   /   /

TODAY'S BIG INTENTION

```
┌─────────────────────────────────────────────┐
│                                             │
│                                             │
│                                             │
│                                             │
└─────────────────────────────────────────────┘
```

TODAY'S **MINI** GOALS   KEY RESOURCE(S)
                                      (PEOPLE, INFORMATION, TIME, MONEY)

_____   _____

_____   _____

_____   _____

_____   _____

_____   _____

———————————— AFFIRMATIONS ————————————

I AM:

I CAN:

I WILL:

Extraordinary people do daily what ordinary people do occasionally.

NOTES

WEEKLY REFLECTION

WEEK START   /   /   WEEK END   /   /

WEEKLY STATEMENT

_____
_____
_____
_____

THE **BIGGEST** WINS

_____
_____
_____
_____

HOW WILL I CELEBRATE MY WIN(S)?

WEEKLY HURDLES   **WAYS TO OVERCOME**

_____   _____
_____   _____
_____   _____

Who/What am I MOST GRATEFUL for this week?

What is ONE THING I did to demonstrate my gratitude?

What is one thing I LEARNED (about myself or something else) this week?

What is my #1 INTENTION for the week ahead?

DATE / /

TODAY'S BIG INTENTION

TODAY'S **MINI** GOALS

KEY RESOURCE(S)
(PEOPLE, INFORMATION, TIME, MONEY)

——————— AFFIRMATIONS ———————

I AM:

I CAN:

I WILL:

Extraordinary people do daily what ordinary people do occasionally.

NOTES

DATE / /

TODAY'S BIG INTENTION

TODAY'S **MINI** GOALS

_____

_____

_____

_____

_____

KEY RESOURCE(S)
(PEOPLE, INFORMATION, TIME, MONEY)

_____

_____

_____

_____

_____

―――――――― AFFIRMATIONS ――――――――

I AM:

I CAN:

I WILL:

Extraordinary people do daily what ordinary people do occasionally.

NOTES

DATE   /   /

TODAY'S BIG INTENTION

```
┌─────────────────────────────────────────────┐
│                                             │
│                                             │
│                                             │
│                                             │
│                                             │
└─────────────────────────────────────────────┘
```

TODAY'S **MINI** GOALS   KEY RESOURCE(S)
                                   (PEOPLE, INFORMATION, TIME, MONEY)

_____   _____

_____   _____

_____   _____

_____   _____

_____   _____

——————————— AFFIRMATIONS ———————————

I AM:

I CAN:

I WILL:

Extraordinary people do daily what ordinary people do occasionally.

NOTES

DATE / /

TODAY'S BIG INTENTION

TODAY'S **MINI** GOALS

KEY RESOURCE(S)
(PEOPLE, INFORMATION, TIME, MONEY)

———————— AFFIRMATIONS ————————

I AM:

I CAN:

I WILL:

Extraordinary people do daily what ordinary people do occasionally.

NOTES

DATE   /   /

TODAY'S BIG INTENTION

TODAY'S **MINI** GOALS

KEY RESOURCE(S)
(PEOPLE, INFORMATION, TIME, MONEY)

———————————— AFFIRMATIONS ————————————

I AM:

I CAN:

I WILL:

Extraordinary people do daily what ordinary people do occasionally.

NOTES

DATE   /   /

TODAY'S BIG INTENTION

TODAY'S **MINI** GOALS

KEY RESOURCE(S)
(PEOPLE, INFORMATION, TIME, MONEY)

———————— AFFIRMATIONS ————————

I AM:

I CAN:

I WILL:

Extraordinary people do daily what ordinary people do occasionally.

NOTES

DATE   /   /

TODAY'S BIG INTENTION

```
┌─────────────────────────────────────────────┐
│                                             │
│                                             │
│                                             │
│                                             │
└─────────────────────────────────────────────┘
```

TODAY'S **MINI** GOALS   KEY RESOURCE(S)
                                      (PEOPLE, INFORMATION, TIME, MONEY)

_____   _____

_____   _____

_____   _____

_____   _____

_____   _____

———————————— AFFIRMATIONS ————————————

I AM:

I CAN:

I WILL:

Extraordinary people do daily what ordinary people do occasionally.

NOTES

DATE / /

TODAY'S BIG INTENTION

TODAY'S **MINI** GOALS

KEY RESOURCE(S)
(PEOPLE, INFORMATION, TIME, MONEY)

———————— AFFIRMATIONS ————————

I AM:

I CAN:

I WILL:

Extraordinary people do daily what ordinary people do occasionally.

NOTES

DATE   /   /

TODAY'S BIG INTENTION

TODAY'S **MINI** GOALS

KEY RESOURCE(S)
(PEOPLE, INFORMATION, TIME, MONEY)

——————— AFFIRMATIONS ———————

I AM:

I CAN:

I WILL:

Extraordinary people do daily what ordinary people do occasionally.

NOTES

DATE   /   /

TODAY'S BIG INTENTION

┌───┐
│   │
│   │
│   │
│   │
└───┘

TODAY'S **MINI** GOALS   KEY RESOURCE(S)
                                       (PEOPLE, INFORMATION, TIME, MONEY)

_____   _____

_____   _____

_____   _____

_____   _____

_____   _____

———————————— AFFIRMATIONS ————————————

I AM:

I CAN:

I WILL:

Extraordinary people do daily what ordinary people do occasionally.

NOTES

DATE / /

TODAY'S BIG INTENTION

TODAY'S **MINI GOALS**

KEY RESOURCE(S)
(PEOPLE, INFORMATION, TIME, MONEY)

———————————— AFFIRMATIONS ————————————

I AM:

I CAN:

I WILL:

Extraordinary people do daily what ordinary people do occasionally.

NOTES

DATE   /   /

TODAY'S BIG INTENTION

TODAY'S MINI GOALS

KEY RESOURCE(S)
(PEOPLE, INFORMATION, TIME, MONEY)

―――――――― AFFIRMATIONS ――――――――

I AM:

I CAN:

I WILL:

Extraordinary people do daily what ordinary people do occasionally.

NOTES

DATE / /

TODAY'S BIG INTENTION

```
┌─────────────────────────────────────────┐
│                                         │
│                                         │
│                                         │
│                                         │
└─────────────────────────────────────────┘
```

TODAY'S **MINI** GOALS   KEY RESOURCE(S)
                                (PEOPLE, INFORMATION, TIME, MONEY)

_____   _____

_____   _____

_____   _____

_____   _____

_____   _____

———————————— AFFIRMATIONS ————————————

I AM:

I CAN:

I WILL:

Extraordinary people do daily what ordinary people do occasionally.

NOTES

DATE / /

TODAY'S BIG INTENTION

TODAY'S **MINI** GOALS

KEY RESOURCE(S)
(PEOPLE, INFORMATION, TIME, MONEY)

―――――――――― AFFIRMATIONS ――――――――――

I AM:

I CAN:

I WILL:

Extraordinary people do daily what ordinary people do occasionally.

NOTES

DATE   /   /

TODAY'S BIG INTENTION

```
┌─────────────────────────────────────────┐
│                                         │
│                                         │
│                                         │
│                                         │
│                                         │
└─────────────────────────────────────────┘
```

TODAY'S **MINI** GOALS   KEY RESOURCE(S)
                                      (PEOPLE, INFORMATION, TIME, MONEY)

_____   _____

_____   _____

_____   _____

_____   _____

_____

———————————— AFFIRMATIONS ————————————

I AM:

I CAN:

I WILL:

Extraordinary people do daily what ordinary people do occasionally.

NOTES

WEEKLY REFLECTION

WEEK START   /   /   WEEK END   /   /

WEEKLY STATEMENT

_____
_____
_____
_____

THE **BIGGEST** WINS

_____
_____
_____
_____
_____

HOW WILL I CELEBRATE MY WIN(S)?

WEEKLY HURDLES	WAYS TO OVERCOME
_____	_____
_____	_____
_____	_____

Who/What am I MOST GRATEFUL for this week?

What is ONE THING I did to demonstrate my gratitude?

What is one thing I LEARNED
(about myself or something else) this week?

What is my #1 INTENTION for the week ahead?

DATE / /

TODAY'S BIG INTENTION

TODAY'S **MINI** GOALS

KEY RESOURCE(S)
(PEOPLE, INFORMATION, TIME, MONEY)

———————— AFFIRMATIONS ————————

I AM:

I CAN:

I WILL:

Extraordinary people do daily what ordinary people do occasionally.

NOTES

DATE / /

TODAY'S BIG INTENTION

```
┌─────────────────────────────────────────────┐
│                                             │
│                                             │
│                                             │
│                                             │
└─────────────────────────────────────────────┘
```

TODAY'S **MINI** GOALS   KEY RESOURCE(S)
                                      (PEOPLE, INFORMATION, TIME, MONEY)

——————————————————— ———————————————

——————————————————— ———————————————

——————————————————— ———————————————

——————————————————— ———————————————

———————————————————

——————————————— AFFIRMATIONS ———————————————

I AM:

I CAN:

I WILL:

Extraordinary people do daily what ordinary people do occasionally.

NOTES

DATE / /

TODAY'S BIG INTENTION

TODAY'S **MINI** GOALS

KEY RESOURCE(S)
(PEOPLE, INFORMATION, TIME, MONEY)

──────────── AFFIRMATIONS ────────────

I AM:

I CAN:

I WILL:

Extraordinary people do daily what ordinary people do occasionally.

NOTES

DATE / /

TODAY'S BIG INTENTION

TODAY'S **MINI** GOALS

KEY RESOURCE(S)
(PEOPLE, INFORMATION, TIME, MONEY)

———————— AFFIRMATIONS ————————

I AM:

I CAN:

I WILL:

Extraordinary people do daily what ordinary people do occasionally.

NOTES

DATE / /

TODAY'S BIG INTENTION

```
┌─────────────────────────────────────────┐
│                                         │
│                                         │
│                                         │
│                                         │
└─────────────────────────────────────────┘
```

TODAY'S **MINI** GOALS   KEY RESOURCE(S)
                              (PEOPLE, INFORMATION, TIME, MONEY)

_____   _____

_____   _____

_____   _____

_____   _____

_____   _____

———————————— AFFIRMATIONS ————————————

I AM:

I CAN:

I WILL:

Extraordinary people do daily what ordinary people do occasionally.

NOTES

DATE / /

TODAY'S BIG INTENTION

TODAY'S **MINI** GOALS

KEY RESOURCE(S)
(PEOPLE, INFORMATION, TIME, MONEY)

——————— AFFIRMATIONS ———————

I AM:

I CAN:

I WILL:

Extraordinary people do daily what ordinary people do occasionally.

NOTES

DATE   /   /

TODAY'S BIG INTENTION

```
┌─────────────────────────────────────────┐
│                                         │
│                                         │
│                                         │
│                                         │
│                                         │
└─────────────────────────────────────────┘
```

TODAY'S **MINI** GOALS

_____

_____

_____

_____

_____

KEY RESOURCE(S)
(PEOPLE, INFORMATION, TIME, MONEY)

_____

_____

_____

_____

_____

―――――――― AFFIRMATIONS ――――――――

I AM:

I CAN:

I WILL:

Extraordinary people do daily what ordinary people do occasionally.

NOTES

WEEKLY REFLECTION

WEEK START   /   /   WEEK END   /   /

WEEKLY STATEMENT

_____
_____
_____
_____

THE **BIGGEST** WINS

_____
_____
_____
_____

HOW WILL I CELEBRATE MY WIN(S)?

WEEKLY HURDLES   WAYS TO OVERCOME

_____   _____
_____   _____
_____   _____

Who/What am I MOST GRATEFUL for this week?

What is ONE THING I did to demonstrate my gratitude?

What is one thing I LEARNED
(about myself or something else) this week?

What is my #1 INTENTION for the week ahead?

MAXIMIZING SELF-CARE

HOW DID I CARE FOR MY BODY, MIND, AND SPIRIT THIS MONTH?

- [ ] TOOK MYSELF ON A DATE
- [ ] SLEPT IN
- [ ] BOUGHT MYSELF A NICE GIFT
- [ ] ENJOYED A BUBBLE BATH
- [ ] WATCHED MY FAVORITE MOVIE
- [ ] HAD A SPA DAY
- [ ] UNPLUGGED FROM SOCIAL MEDIA/TV
- [ ] DETACHED FROM TOXIC RELATIONSHIPS
- [ ] WENT TO THERAPY
- [ ] EXERCISED
- [ ] JOURNALED/ PAINTED/SKETCHED

- [ ] _____
- [ ] _____
- [ ] _____
- [ ] _____
- [ ] _____
- [ ] _____
- [ ] _____
- [ ] _____
- [ ] _____
- [ ] _____
- [ ] _____

BE INTENTIONAL IN YOUR THOUGHTS, WORDS, AND DEEDS.

MONTH _____

SUNDAY	MONDAY	TUESDAY	WEDNESDAY

THURSDAY	FRIDAY	SATURDAY	NOTES

MONTHLY INTENTIONS: BIG 3 GOALS

1 _____

2 _____

3 _____

AREAS OF FOCUS
(PLACE THE GOAL NUMBER 1, 2 OR 3 INSIDE THE CORRESPONDING BOX)

☐ HEALTH/WELLNESS   ☐ FINANCIAL   ☐ WORK/CAREER   ☐ SPIRITUAL

☐ ROMANTIC RELATIONSHIPS   ☐ FAMILY   ☐ FRIENDSHIP(S)   ☐ PERSONAL DEVELOPMENT

KEY RESOURCES
WHAT WILL I NEED TO ACHIEVE MY GOAL(S)?

PEOPLE

_____
_____
_____
_____
_____

MONEY

_____
_____
_____
_____
_____

INFORMATION

_____
_____
_____
_____
_____

TIME

_____
_____
_____
_____
_____

NEW WAYS OF BEING
HOW MUST I THINK AND BEHAVE TO ACHIEVE MY GOALS?
(EX. ASSERTIVE, PATIENT, RISK-TAKING, CREATIVE, ETC.)

_____
_____
_____
_____

"The most powerful words you will ever hear are the ones you speak to yourself."
– Renita Bryant

IMMEDIATE NEXT STEPS:
(LIST THE IMMEDIATE NEXT STEPS YOU NEED TO TAKE TO REACH YOUR GOAL)

GOAL #	MILESTONE	ACTION/TO DO	DUE DATE

DATE   /   /

TODAY'S BIG INTENTION

TODAY'S **MINI GOALS**

KEY RESOURCE(S)
(PEOPLE, INFORMATION, TIME, MONEY)

———————— AFFIRMATIONS ————————

I AM:

I CAN:

I WILL:

Extraordinary people do daily what ordinary people do occasionally.

NOTES

DATE   /   /

TODAY'S BIG INTENTION

```
┌─────────────────────────────────────┐
│                                     │
│                                     │
│                                     │
│                                     │
└─────────────────────────────────────┘
```

TODAY'S **MINI** GOALS   KEY RESOURCE(S)
                                  (PEOPLE, INFORMATION, TIME, MONEY)

_____   _____

_____   _____

_____   _____

_____   _____

_____   _____

——————————— AFFIRMATIONS ———————————

I AM:

I CAN:

I WILL:

Extraordinary people do daily what ordinary people do occasionally.

NOTES

DATE / /

TODAY'S BIG INTENTION

TODAY'S **MINI** GOALS

KEY RESOURCE(S)
(PEOPLE, INFORMATION, TIME, MONEY)

---------- AFFIRMATIONS ----------

I AM:

I CAN:

I WILL:

Extraordinary people do daily what ordinary people do occasionally.

NOTES

DATE / /

TODAY'S BIG INTENTION

TODAY'S **MINI** GOALS

KEY RESOURCE(S)
(PEOPLE, INFORMATION, TIME, MONEY)

———————— AFFIRMATIONS ————————

I AM:

I CAN:

I WILL:

Extraordinary people do daily what ordinary people do occasionally.

NOTES

DATE / /

TODAY'S BIG INTENTION

```
┌─────────────────────────────────────┐
│                                     │
│                                     │
│                                     │
│                                     │
└─────────────────────────────────────┘
```

TODAY'S **MINI** GOALS   KEY RESOURCE(S)
                                      (PEOPLE, INFORMATION, TIME, MONEY)

_____   _____

_____   _____

_____   _____

_____   _____

_____   _____

———————————— AFFIRMATIONS ————————————

I AM:

I CAN:

I WILL:

Extraordinary people do daily what ordinary people do occasionally.

NOTES

DATE / /

TODAY'S BIG INTENTION

```
┌─────────────────────────────────────────┐
│                                         │
│                                         │
│                                         │
│                                         │
└─────────────────────────────────────────┘
```

TODAY'S **MINI** GOALS   KEY RESOURCE(S)
                                (PEOPLE, INFORMATION, TIME, MONEY)

_____   _____

_____   _____

_____   _____

_____   _____

_____   _____

———————————— AFFIRMATIONS ————————————

I AM:

I CAN:

I WILL:

Extraordinary people do daily what ordinary people do occasionally.

NOTES

DATE / /

TODAY'S BIG INTENTION

TODAY'S **MINI** GOALS

KEY RESOURCE(S)
(PEOPLE, INFORMATION, TIME, MONEY)

———————— AFFIRMATIONS ————————

I AM:

I CAN:

I WILL:

Extraordinary people do daily what ordinary people do occasionally.

NOTES

WEEKLY REFLECTION

WEEK START   /   /   WEEK END   /   /

WEEKLY STATEMENT

_____
_____
_____
_____

THE **BIGGEST** WINS 🏆

_____
_____
_____
_____
_____

> ### HOW WILL I CELEBRATE MY WIN(S)?

WEEKLY HURDLES   **WAYS TO OVERCOME**

_____   _____
_____   _____
_____   _____

Who/What am I MOST GRATEFUL for this week?

What is ONE THING I did to demonstrate my gratitude?

What is one thing I LEARNED
(about myself or something else) this week?

What is my #1 INTENTION for the week ahead?

DATE / /

TODAY'S BIG INTENTION

```
┌─────────────────────────────────────┐
│                                     │
│                                     │
│                                     │
│                                     │
└─────────────────────────────────────┘
```

TODAY'S **MINI** GOALS   KEY RESOURCE(S)
                               (PEOPLE, INFORMATION, TIME, MONEY)

_____   _____

_____   _____

_____   _____

_____   _____

_____   _____

────────────── AFFIRMATIONS ──────────────

I AM:

I CAN:

I WILL:

Extraordinary people do daily what ordinary people do occasionally.

NOTES

DATE / /

TODAY'S BIG INTENTION

```
┌─────────────────────────────────────────────────┐
│                                                 │
│                                                 │
│                                                 │
│                                                 │
└─────────────────────────────────────────────────┘
```

TODAY'S **MINI** GOALS   KEY RESOURCE(S)
                                  (PEOPLE, INFORMATION, TIME, MONEY)

_____   _____

_____   _____

_____   _____

_____   _____

_____   _____

────────── AFFIRMATIONS ──────────

I AM:

I CAN:

I WILL:

Extraordinary people do daily what ordinary people do occasionally.

NOTES

DATE   /   /

TODAY'S BIG INTENTION

TODAY'S **MINI** GOALS

KEY RESOURCE(S)
(PEOPLE, INFORMATION, TIME, MONEY)

―――――――― AFFIRMATIONS ――――――――

I AM:

I CAN:

I WILL:

Extraordinary people do daily what ordinary people do occasionally.

NOTES

DATE   /   /

TODAY'S BIG INTENTION

```
┌─────────────────────────────────────────────────┐
│                                                 │
│                                                 │
│                                                 │
│                                                 │
│                                                 │
└─────────────────────────────────────────────────┘
```

TODAY'S **MINI** GOALS

_____

_____

_____

_____

_____

KEY RESOURCE(S)
(PEOPLE, INFORMATION, TIME, MONEY)

_____

_____

_____

_____

_____

——————————— AFFIRMATIONS ———————————

I AM:

I CAN:

I WILL:

Extraordinary people do daily what ordinary people do occasionally.

NOTES

DATE / /

TODAY'S BIG INTENTION

```
┌─────────────────────────────────────────┐
│                                         │
│                                         │
│                                         │
│                                         │
└─────────────────────────────────────────┘
```

TODAY'S **MINI** GOALS   KEY RESOURCE(S)
                                          (PEOPLE, INFORMATION, TIME, MONEY)

_____   _____

_____   _____

_____   _____

_____   _____

_____   _____

———————————— AFFIRMATIONS ————————————

I AM:

I CAN:

I WILL:

Extraordinary people do daily what ordinary people do occasionally.

NOTES

DATE / /

TODAY'S BIG INTENTION

TODAY'S **MINI** GOALS

KEY RESOURCE(S)
(PEOPLE, INFORMATION, TIME, MONEY)

———————— AFFIRMATIONS ————————

I AM:

I CAN:

I WILL:

Extraordinary people do daily what ordinary people do occasionally.

NOTES

DATE / /

TODAY'S BIG INTENTION

```
┌─────────────────────────────────────────┐
│                                         │
│                                         │
│                                         │
│                                         │
└─────────────────────────────────────────┘
```

TODAY'S **MINI** GOALS   KEY RESOURCE(S)
                                      (PEOPLE, INFORMATION, TIME, MONEY)

_____   _____

_____   _____

_____   _____

_____   _____

_____   _____

——————————— AFFIRMATIONS ———————————

I AM:

I CAN:

I WILL:

Extraordinary people do daily what ordinary people do occasionally.

NOTES

WEEKLY REFLECTION

WEEK START   /   /   WEEK END   /   /

WEEKLY STATEMENT

_____
_____
_____
_____

THE **BIGGEST** WINS

_____
_____
_____
_____
_____

HOW WILL I CELEBRATE MY WIN(S)?

WEEKLY HURDLES   **WAYS TO OVERCOME**

_____   _____
_____   _____
_____   _____

Who/What am I MOST GRATEFUL for this week?

What is ONE THING I did to demonstrate my gratitude?

What is one thing I LEARNED
(about myself or something else) this week?

What is my #1 INTENTION for the week ahead?

DATE / /

TODAY'S BIG INTENTION

TODAY'S **MINI** GOALS

KEY RESOURCE(S)
(PEOPLE, INFORMATION, TIME, MONEY)

—————————— AFFIRMATIONS ——————————

I AM:

I CAN:

I WILL:

Extraordinary people do daily what ordinary people do occasionally.

NOTES

DATE   /   /

TODAY'S BIG INTENTION

TODAY'S **MINI** GOALS

KEY RESOURCE(S)
(PEOPLE, INFORMATION, TIME, MONEY)

———————— AFFIRMATIONS ————————

I AM:

I CAN:

I WILL:

Extraordinary people do daily what ordinary people do occasionally.

NOTES

DATE / /

TODAY'S BIG INTENTION

```
┌─────────────────────────────────────────────┐
│                                             │
│                                             │
│                                             │
│                                             │
└─────────────────────────────────────────────┘
```

TODAY'S **MINI** GOALS   KEY RESOURCE(S)
                                      (PEOPLE, INFORMATION, TIME, MONEY)

_____   _____

_____   _____

_____   _____

_____   _____

_____   _____

———————————— AFFIRMATIONS ————————————

I AM:

I CAN:

I WILL:

Extraordinary people do daily what ordinary people do occasionally.

NOTES

DATE / /

TODAY'S BIG INTENTION

TODAY'S **MINI** GOALS

KEY RESOURCE(S)
(PEOPLE, INFORMATION, TIME, MONEY)

—————————— AFFIRMATIONS ——————————

I AM:

I CAN:

I WILL:

Extraordinary people do daily what ordinary people do occasionally.

NOTES

DATE   /   /

TODAY'S BIG INTENTION

```
┌─────────────────────────────────────────────┐
│                                             │
│                                             │
│                                             │
│                                             │
└─────────────────────────────────────────────┘
```

TODAY'S **MINI** GOALS   KEY RESOURCE(S)
                                (PEOPLE, INFORMATION, TIME, MONEY)

_____   _____
_____   _____
_____   _____
_____   _____
_____   _____

────────────── AFFIRMATIONS ──────────────

I AM:

I CAN:

I WILL:

Extraordinary people do daily what ordinary people do occasionally.

NOTES

DATE / /

TODAY'S BIG INTENTION

```
┌─────────────────────────────────────────────┐
│                                             │
│                                             │
│                                             │
│                                             │
│                                             │
└─────────────────────────────────────────────┘
```

TODAY'S **MINI** GOALS   KEY RESOURCE(S)
                                   (PEOPLE, INFORMATION, TIME, MONEY)

_____   _____

_____   _____

_____   _____

_____   _____

_____   _____

———————————— AFFIRMATIONS ————————————

I AM:

I CAN:

I WILL:

Extraordinary people do daily what ordinary people do occasionally.

NOTES

DATE / /

TODAY'S BIG INTENTION

TODAY'S **MINI** GOALS

KEY RESOURCE(S)
(PEOPLE, INFORMATION, TIME, MONEY)

———————— AFFIRMATIONS ————————

I AM:

I CAN:

I WILL:

Extraordinary people do daily what ordinary people do occasionally.

NOTES

WEEKLY REFLECTION

WEEK START   /   /   WEEK END   /   /

WEEKLY STATEMENT

_____
_____
_____
_____
_____

THE **BIGGEST** WINS 🏆

_____
_____
_____
_____
_____

HOW WILL I CELEBRATE MY WIN(S)?

WEEKLY HURDLES	WAYS TO OVERCOME
_____	_____
_____	_____
_____	_____

Who/What am I MOST GRATEFUL for this week?

What is ONE THING I did to demonstrate my gratitude?

What is one thing I LEARNED
(about myself or something else) this week?

What is my #1 INTENTION for the week ahead?

DATE   /   /

TODAY'S BIG INTENTION

```
┌─────────────────────────────────────────────┐
│                                             │
│                                             │
│                                             │
│                                             │
│                                             │
└─────────────────────────────────────────────┘
```

TODAY'S **MINI** GOALS   KEY RESOURCE(S)
                                          (PEOPLE, INFORMATION, TIME, MONEY)

_____   _____

_____   _____

_____   _____

_____   _____

_____   _____

──────────── AFFIRMATIONS ────────────

I AM:

I CAN:

I WILL:

Extraordinary people do daily what ordinary people do occasionally.

NOTES

DATE   /   /

TODAY'S BIG INTENTION

TODAY'S **MINI** GOALS

KEY RESOURCE(S)
(PEOPLE, INFORMATION, TIME, MONEY)

――――――― AFFIRMATIONS ―――――――

I AM:

I CAN:

I WILL:

Extraordinary people do daily what ordinary people do occasionally.

NOTES

DATE / /

TODAY'S BIG INTENTION

TODAY'S **MINI** GOALS

KEY RESOURCE(S)
(PEOPLE, INFORMATION, TIME, MONEY)

──────── AFFIRMATIONS ────────

I AM:

I CAN:

I WILL:

Extraordinary people do daily what ordinary people do occasionally.

NOTES

DATE   /   /

TODAY'S BIG INTENTION

```
┌─────────────────────────────────────────┐
│                                         │
│                                         │
│                                         │
│                                         │
│                                         │
└─────────────────────────────────────────┘
```

TODAY'S **MINI** GOALS   KEY RESOURCE(S)
                                (PEOPLE, INFORMATION, TIME, MONEY)

_____   _____
_____   _____
_____   _____
_____   _____
_____   _____

———————————— AFFIRMATIONS ————————————

I AM:

I CAN:

I WILL:

Extraordinary people do daily what ordinary people do occasionally.

NOTES

DATE / /

TODAY'S BIG INTENTION

TODAY'S **MINI** GOALS

KEY RESOURCE(S)
(PEOPLE, INFORMATION, TIME, MONEY)

———————— AFFIRMATIONS ————————

I AM:

I CAN:

I WILL:

Extraordinary people do daily what ordinary people do occasionally.

NOTES

DATE   /   /

TODAY'S BIG INTENTION

```
┌─────────────────────────────────────────────────┐
│                                                 │
│                                                 │
│                                                 │
│                                                 │
│                                                 │
└─────────────────────────────────────────────────┘
```

TODAY'S **MINI** GOALS   KEY RESOURCE(S)
                                      (PEOPLE, INFORMATION, TIME, MONEY)

———————————————————   ———————————————

———————————————————   ———————————————

———————————————————   ———————————————

———————————————————   ———————————————

———————————————————   ———————————————

———————— AFFIRMATIONS ————————

I AM:

I CAN:

I WILL:

Extraordinary people do daily what ordinary people do occasionally.

NOTES

DATE   /   /

TODAY'S BIG INTENTION

TODAY'S **MINI** GOALS

KEY RESOURCE(S)
(PEOPLE, INFORMATION, TIME, MONEY)

———————— AFFIRMATIONS ————————

I AM:

I CAN:

I WILL:

Extraordinary people do daily what ordinary people do occasionally.

NOTES

WEEKLY REFLECTION

WEEK START   /   /   WEEK END   /   /

WEEKLY STATEMENT

_____
_____
_____
_____

THE **BIGGEST** WINS

_____
_____
_____
_____
_____

HOW WILL I CELEBRATE MY WIN(S)?

WEEKLY HURDLES   **WAYS TO OVERCOME**

_____   _____
_____   _____
_____   _____

Who/What am I MOST GRATEFUL for this week?

What is ONE THING I did to demonstrate my gratitude?

**What is one thing I LEARNED
(about myself or something else) this week?**

What is my #1 INTENTION for the week ahead?

MAXIMIZING SELF-CARE

HOW DID I CARE FOR MY BODY, MIND, AND SPIRIT THIS MONTH?

- [ ] TOOK MYSELF ON A DATE
- [ ] SLEPT IN
- [ ] BOUGHT MYSELF A NICE GIFT
- [ ] ENJOYED A BUBBLE BATH
- [ ] WATCHED MY FAVORITE MOVIE
- [ ] HAD A SPA DAY
- [ ] UNPLUGGED FROM SOCIAL MEDIA/TV
- [ ] DETACHED FROM TOXIC RELATIONSHIPS
- [ ] WENT TO THERAPY
- [ ] EXERCISED
- [ ] JOURNALED/ PAINTED/SKETCHED

- [ ] _____
- [ ] _____
- [ ] _____
- [ ] _____
- [ ] _____
- [ ] _____
- [ ] _____
- [ ] _____
- [ ] _____
- [ ] _____
- [ ] _____

WE ARE ALL STUMBLING SOMEWHERE BETWEEN BEING AND BECOMING.

— RENITA BRYANT

MEMORABLE WORDS + MOMENTS

(WHEN YOU HEAR SCRIPTURES, QUOTES, AND POWERFUL MESSAGES THAT PROVIDE CLARITY, COMFORT, OR GUIDANCE IN ACHIEVING YOUR GOALS, LIST THEM HERE.)

WHO	WHAT	WHEN
		/ /
		/ /
		/ /
		/ /
		/ /
		/ /
		/ /
		/ /
		/ /
		/ /
		/ /
		/ /
		/ /
		/ /
		/ /
		/ /
		/ /
		/ /
		/ /
		/ /
		/ /
		/ /

MEMORABLE WORDS + MOMENTS

(WHEN YOU HEAR SCRIPTURES, QUOTES, AND POWERFUL MESSAGES THAT PROVIDE CLARITY,
COMFORT, OR GUIDANCE IN ACHIEVING YOUR GOALS, LIST THEM HERE.)

WHO	WHAT	WHEN
		/ /
		/ /
		/ /
		/ /
		/ /
		/ /
		/ /
		/ /
		/ /
		/ /
		/ /
		/ /
		/ /
		/ /
		/ /
		/ /
		/ /
		/ /
		/ /
		/ /
		/ /

MEMORABLE WORDS + MOMENTS

(WHEN YOU HEAR SCRIPTURES, QUOTES, AND POWERFUL MESSAGES THAT PROVIDE CLARITY, COMFORT, OR GUIDANCE IN ACHIEVING YOUR GOALS, LIST THEM HERE.)

WHO	WHAT	WHEN
____	____	/ /
____	____	/ /
____	____	/ /
____	____	/ /
____	____	/ /
____	____	/ /
____	____	/ /
____	____	/ /
____	____	/ /
____	____	/ /
____	____	/ /
____	____	/ /
____	____	/ /
____	____	/ /
____	____	/ /
____	____	/ /
____	____	/ /
____	____	/ /
____	____	/ /
____	____	/ /

MAKING CONNECTIONS

Name	✉	📱
	🌐	📷 🐦
	💼	f in

Notes:

Name	✉	📱
	🌐	📷 🐦
	💼	f in

Notes:

Name	✉	📱
	🌐	📷 🐦
	💼	f in

Notes:

Name	✉	📱
	🌐	📷 🐦
	💼	f in

Notes:

MAKING CONNECTIONS

Name	✉	▢
	🌐	◯ 🐦
	💼	f in
Notes:		

Name	✉	▢
	🌐	◯ 🐦
	💼	f in
Notes:		

Name	✉	▢
	🌐	◯ 🐦
	💼	f in
Notes:		

Name	✉	▢
	🌐	◯ 🐦
	💼	f in
Notes:		

MAKING CONNECTIONS

Name	✉	▢
	🌐	📷 / 🐦
	💼	f / in
Notes:		

Name	✉	▢
	🌐	📷 / 🐦
	💼	f / in
Notes:		

Name	✉	▢
	🌐	📷 / 🐦
	💼	f / in
Notes:		

Name	✉	▢
	🌐	📷 / 🐦
	💼	f / in
Notes:		

MAKING CONNECTIONS

Name	✉	📱
	🌐	◯ 🐦
	💼	f in
Notes:		

Name	✉	📱
	🌐	◯ 🐦
	💼	f in
Notes:		

Name	✉	📱
	🌐	◯ 🐦
	💼	f in
Notes:		

Name	✉	📱
	🌐	◯ 🐦
	💼	f in
Notes:		

OBSERVATIONS + THOUGHTS

OBSERVATIONS + THOUGHTS

OBSERVATIONS + THOUGHTS

OBSERVATIONS + THOUGHTS

www.ingramcontent.com/pod-product-compliance
Lightning Source LLC
Chambersburg PA
CBHW070327010526
44107CB00004B/439